お年寄りと楽しむゲーム&レク④

虚弱や軽い障害・軽い認知症の人でもできるレクゲーム集

今井弘雄

黎明書房

はじめに

　これからわが国では，ますます高齢化社会が進むことになります。そのとき老後をどう生きるかが大きな問題です。

　いつまでも健康で楽しく過ごしたいと誰もが願います。

　しかし，加齢が進むことによるあらゆる機能の低下を止めることはできません。

　不幸にして障害をもったり，認知症になるかもしれません。でもどんな状態に置かれても，人間として生き生きと楽しく生活を送る権利は保証しなくてはなりません。

　そこで，この本は日頃のデイサービスで行っているレクリエーションの中から，虚弱でも，軽い障害や片麻痺の人でも，軽い認知症の人でも，楽しく活動できるものを取り上げてみました。

　この本が現場で指導する方々の手助けとなれば幸いです。そして，実際に高齢者の方々がより楽しい日々を送られることに少しでも役立てれば幸いです。

　平成17年4月

今井弘雄

もくじ

はじめに 1
はじめる前のワンポイントアドバイス 5
●コラム●行事に対してのヒント 8

身体をあまり動かさないで ちょっと頭を使うレクリエーション

1 拍手であいさつ 10
2 ○○さん，すてき!! 12
3 一番正確な人は誰？ 14
4 「はい，あります」「はい，ありません」 16
5 文字さがし 18
6 「あ」のつくもの 20
7 物当てゲーム 22
8 大当たり宝くじ大会 24
9 物語作り 26
10 宝くじ抽選会 28
11 歌リレー 30

もくじ

ENTS

- 12 魚，木で勝負 32
- 13 なんでも屋 34
- 14 大，小，長，短 36
- 15 ご注文は何ですか 38
- 16 ラッキーセブン 40
- 17 なんでもベスト3 42
- 18 おみやげに何を買ったでしょう 44
- 19 絵合わせ 46
- 20 まとめてハウマッチ 48
- ●コラム●うた体操のヒント 50

軽く身体を動かす リラックスレクリエーション

- 1 軽く身体を動かす準備体操 52
    - 1．腕を伸ばす 52
    - 2．肩の運動 53
    - 3．首の運動 54

4．全身お目覚め体操　55
2　グー，パー，拍手　56
3　名物送り　58
4　大絵作り　60
5　カルタ神経衰弱　62
6　歌ジャンケン　64
7　震源地はどこだ　66
8　カスタネットで遊ぶ　68
9　サイコロゲーム　70
10　釣堀遊び　72
11　からす，きつね，たぬき　74
12　ポケットティッシュ取り　76
13　お面で勝負　78
14　新聞破り　80
15　ダルマ倒し　82
16　洗濯ばさみを使って・1　84
17　洗濯ばさみを使って・2　86
18　トンネル，コロコロ　88
19　幸せなら○○しよう　90
20　散歩でごあいさつ　92
21　誰が一番お金持ち？　94

本文イラスト・中村美保

はじめる前の
ワンポイントアドバイス

① バイタルチェックを忘れずに

　あたりまえですが，高齢者は若者でないということです。一口に高齢者と言っても，60代と90代では体力的にも機能的にも差があります。その中でも，健康な人，虚弱な人，障害をもった人などさまざまです。

　その方々を安全に楽しく，ケガのないように指導することが大切です。そのためには参加者1人1人のバイタルチェックをしっかりとしておく必要があります。

② 自尊心を傷つけないこと

　「おじいちゃん」と呼んで「俺はお前の祖父ではない!!」と叱られたことがあると思います。当然その人個人のことはその人の「名前」で呼ばなければ失礼にあたるわけです。

　次に，競争や知識の差が出るゲームはするべきではありません。（ただし，クイズのようなものは脳の活性化に役立つもので，知識の差がつくものではありません。）もちろん体力で差がつくゲームもいけません。

　また，言ってはいけないこととしては，「これはたかがゲームですから失敗してもいいですよ」と言うことです。これは，障害をもった人にはいじめとも受け取られかねませんので注意しましょう。

　高齢者は人生の先輩です。幼児言葉で話しかけるなどはとんでもないことです。常に尊敬の心をもって接し指導しましょう。

③ 大きな声で，ゆっくりと，ハッキリと

高齢者は耳が遠い人も多くなります。耳の遠い人は前の方に座らせる配慮をしましょう。

お年寄りの方がよく言われることで，「最近の若い者は，わけのわからないことを早口でしゃべるのでさっぱりわからない」ということがあります。お話をするときは，ゆっくりと，ハッキリと言いましょう。

また，2つのことをいっぺんに言わないようにしましょう。例えば，「右手をあげたら，左手もあげて，後ろの方に……」と言うときは，「右手をあげましょう。次に左手もあげましょう。その手を後ろに……」と1つ1つ言うといいでしょう。

④ 安全を確保する

ご承知のように，高齢者はちょっとしたことで骨折します。健康維持のためのレクリエーションでケガをしてしまっては何にもなりません。

遊ぶ部屋はきちんとかたづけておきましょう。たった1枚のチラシのために，それに乗ってすべってケガをした人もいます。ともかく，よけいな物は置かないようにしましょう。

車椅子の方は，両足をきちんと床につけ，しっかりと座るようにすることと，途中で座り直す配慮をしましょう。折りたたみ椅子等は使わないようにします。

また，ゲームが終わって，急いでトイレに行くために立ち上がるのも危険ですので注意しましょう。

⑤　無理強いはしない

　やりたくない人に無理やりにやらせないようにしましょう。

　それぞれ，性格も，年齢も，能力も，価値観も，ご機嫌も違います。やりたくないときは誰でもあります。そんなときは，そっとしておくことが大切です。

　全員の参加や全員の満足を目標にするのではなく，3分の2を目標にするようにします。

⑥　なるべくグループで

　なるべく話し合い，相談し合うことで仲間意識が芽生え，スムーズに運べるようになります。

　助け合い，励まし合い，応援することで，健康を維持するデイサービスの本来の目的にも近づきます。

⑦　必ずその日の反省を

　その日の反省は次の日の宝です。

　その日のレクリエーション指導が終わったら，必ずよかったこと悪かったことをメモしておきましょう。

　このメモが次の日に非常に役立ち，がんばりにもつながります。そして，それが参加者への笑顔につながります。

●コラム●

行事に対してのヒント

　よくマンネリになってしまう行事のレクリエーションに悩みます。
　担当の人が企画してすべての段取りを決める方が早いのですが，それでは担当の人も大変ですし，マンネリになる原因になります。
　レクリエーションや行事はみんなで集まってアイディアを出し合うのがいちばんよい方法です。1人10個のアイディアを5人が持ち寄れば50個のアイディアが集まります。
　また，計画は全員が参加できることを目標にします。（しかし，実際には3分の2ぐらいの人が参加すればよいでしょう。）
　手が動かないが口が動くという人はしゃべることで参加するとか，歩けないけれど手が動く人は手で参加するとか，どうすれば参加できるか，職員全員で考えていくことが大切です。
　行事，レクリエーションは「何のためにするのか」「主役は高齢者である」という目的をはっきりさせ，明るく一緒に遊ばせてもらうという意識が大切だと思います。
　とはいっても，アイディアに行き詰まることがあります。その場合は新しく考えるのではなく，ゲームのルールをアレンジしたり，展開していくといいでしょう。
　例えば，「鬼ごっこあそび」があります。基本は鬼が人をつかまえるゲームですが，条件をいろいろ変えていくと新しい鬼ごっこあそびになります。木につかまっているときはダメという条件にすると，「木鬼ごっこ」ができるわけです。
　このように考えていくといいでしょう。

身体をあまり動かさないで ちょっと頭を使う レクリエーション

虚弱な人でも，片麻痺の人でも，車椅子の人でも，丈夫な人でも一緒に楽しむことで，脳の活性化をもたらし，血行をよくするレクリエーションです。

1 拍手であいさつ

■用意するもの■　なし

■遊び方■

　リーダーは参加者に頭を下げ,「ちょっと私の言うとおりにしてください。手のひらを顔の前で合わせてください。その手を少し広げてください。もう10センチぐらい広げてください。まだ大丈夫ですね。では,もう10センチほど広げてください。」

　「はい。では次にこの両手を顔の前で思いきり合わせてみましょう。――パチーン‼――いい音がしましたね。ではもう1度。もう1度。だんだん速く‼」

　「はい。たくさんの拍手ありがとうございました。リーダーの○○○○と申します。今日もよろしくお願いします。」

■留意点■

　巧みなリーダーのリードで拍手をおこさせ,楽しい雰囲気を作りましょう。

●●● 身体をあまり動かさないでちょっと頭を使うレクリエーション

2　○○さん，すてき!!

■**用意するもの**　　なし

■遊び方■

　リーダーは「私が右手を回したら，普通の拍手をしてください。その右手を大きく回したら，大きな拍手をしてください。では，やってみましょう。」

　こう言って，はじめに右手を回し，途中から大きく回し，また普通に回し，今度は小さく回します。

　「そうです。小さく回したときは小さな拍手をしてください。また，回している手が止まったら，拍手も止めてください。

　こうして，右手を普通に回したり，大きく回したり，突然止めたりしますので，小さく拍手したり，大きく拍手したり，止めたりしてください。」

　「今度は途中で止めて，ここにいる人の名前を言いますので，それを聞いたら，大きな声で『す！　て！　き！』と言いましょう。」

　以上，動作を止めて，名前を呼んだりします。

■留意点■

　動作はゆっくりと，名前はハッキリと，「すてき」は全員大きな声で言うようにしましょう。

● ● ● 身体をあまり動かさないでちょっと頭を使うレクリエーション

3　一番正確な人は誰？

■用意するもの■　　なし

■遊び方■

　リーダー「私が『ハイ』と合図をしてから，1分間たったと思った人はそのとき，手をあげてください。でも時計を見てはいけません。また，そのまま眠ってしまってもいけません。

　さあ，誰が一番正確に手をあげるでしょう。では，目をつぶってください。ハイ！」

　「よくできました。一番早かったのは○○さんでした。○○さんはいつもせっかちの方ですか？　なんと30秒でした。その次に早かった人は××さんでした。36秒でした。一番遅い人は△△さんでした。1分25秒でした。

　一番正確だったのは○×さん，58秒でした。△○さんは1分3秒でした。」

■留意点■

　隣の人につられないように，自分の判断で手をあげるように指導してください。

　1分間の次に30秒もやってみましょう。

● ● ● 身体をあまり動かさないでちょっと頭を使うレクリエーション

4　「はい,あります」「はい,ありません」

■用意するもの■　　なし

■遊び方■

　参加者はリーダーに何を聞かれても「はい,あります」と答えます。例えば,

　「便所に落ちたことがありますか？」　　　　「はい,あります」
　「天皇陛下と握手したことがありますか？」　「はい,あります」
　「1千万円を拾ったことがありますか？」　　 「はい,あります」
　「ぶたのしっぽを食べたことがありますか？」「はい,あります」
　「浮気をしたことがありますか？」　　　　　「はい,あります」

　など。このようにリーダーは答えづらい質問をして,笑いを誘うようにします。

　次はリーダーに何を聞かれても「はい,ありません」と答えます。例えば,

　「電車に乗ったことはないですか？」　　　　「はい,ありません」
　「ご飯を食べたことはないですか？」　　　　「はい,ありません」
　「トイレに行ったことはないですか？」　　　「はい,ありません」
　「顔を洗ったことはないですか？」　　　　　「はい,ありません」
　「浮気をしたことはないですか？」　　　　　「はい,ありません」

　など。

●●● 身体をあまり動かさないでちょっと頭を使うレクリエーション

■留意点
　リーダーは，前もって，おもしろいユニークな質問を考え，作っておきます。

5　文字さがし

■用意するもの■　　なし

■遊び方■

　参加者から1人だけ代表者を決めます。

　代表者は，リーダーにいろいろ質問します。リーダーは答えるのですが，ある文字1字を必ず入れて答えなくてはいけません。聞いている参加者はその隠し文字を探し当てます。

　その文字が違っていたら，リーダーは「違います」と言います。さあ，誰が当てるでしょう。

　例えば，隠し文字が「あ」だとします。

代表者「お昼は何を食べましたか？」

リーダー「㋐じフライ定食です。」

代表者「どこで食べましたか？」

リーダー「上野の㋐メ横で食べました。」

代表者「おいしかったですか？」

リーダー「㋐まりおいしく㋐りませんでした。」

　さあ，隠し文字は何でしょう。

■留意点■

　リーダーは，無理やりにでも隠し文字を入れて答えてください。

●●● 身体をあまり動かさないでちょっと頭を使うレクリエーション

6　「あ」のつくもの

■**用意するもの**■　画用紙に「いろは」(「ん」は除く) 47 文字を書きます。(紙1枚に1字ずつ)

■**遊び方**■

　参加者は輪になって座り，輪の真ん中に，字の書かれた画用紙を，字をふせて重ねて置きます。(画用紙は文字の順がバラバラになるように，よくきっておいてください。)

　先頭の人を決め，その人がカードを1枚取り，自分もその書かれた字を見て，みんなにも見せます。

　仮にその字が「あ」であった場合，「あ」からはじまる名詞を言って右隣の人にそのカードを渡します。渡された人は前の人が言った名詞以外のものを言って右隣の人にカードを渡します。

　例えば，最初の人が「あめ」と言ったら，次の人は「あんころもち」とか，「あ」が最初につく違ったものを言います。

　こうして，まわして行き詰まったら，次にまたカードを1枚取って同じように遊びます。

■**留意点**■

　つまってしまっても，しばらくは待ちましょう。「もうだめだ」と言ったら，次のカードを取りましょう。

　どの字が一番長く続いたか，参加者で名詞の数を数えてみましょう。

● ● ● 身体をあまり動かさないでちょっと頭を使うレクリエーション

7　物当てゲーム

■用意するもの■

　中味の見えない黒い袋，リンゴ，ボールペン，急須，野球ボール

■遊び方■

　黒のビニール袋の中に，リンゴ，ボールペン，急須，野球ボールを入れておきます。

　袋の中の物を触る人を決めます。その人は袋を持って参加者の前に座り，袋に手を入れて，1つの品物をつかみます。そして，つかんだ物の特徴を1つずつ言います。

　それを聞いて，参加者はその品物を当てます。

　例えば，つかんだ品物が「リンゴ」だとします。つかんだ人は，まず最初の感想を1つだけ言います。──「まるい物です」次に「食べ物です」次に「これは青森や長野で取れる物だと思います」

　こうして感想を聞いて，参加者が当てていき，当たったら袋から品物を取り出します。そして次の人と変わります。

■留意点■

　感想は1つだけしか言えないことを徹底してください。

　また，参加者から質問をしてもいいでしょう。例えば「触り心地は？」など。

●●● 身体をあまり動かさないでちょっと頭を使うレクリエーション

8　大当たり宝くじ大会

■用意するもの■

　宝くじ（ハガキ大の紙に3桁の数字を書いたもの。ただし，「111」のようなゾロ目は書かない）を参加者1人に3枚ずつの枚数と，別に0～9の数字を書いたカードを用意する。1億円と書いたお札を1枚，100万円と書いたお札を20枚程度，1000円と書いたお札を50枚程度作る。

■遊び方■

　参加者はジャンケンをして，勝った人はリーダーから宝くじを3枚，自分で選んで取ります。こうして全員に1人3枚の宝くじを配ります。

　次に参加者の1人がリーダーの持っている数字のカードを1枚取り，その数字が宝くじの下1桁目にあった人には1000円札を1枚あげます。数字のカードをリーダーに戻します。同じように，あと2人に選んで引いてもらいます。

　次に，今度は別の人に数字のカードを1枚ずつ2回引いてもらい，その2桁の数字と宝くじの下2桁が当たった人には，100万円札をあげます。数字のカードをリーダーに戻します。同じように，あと2人に引いてもらいます。

　最後に，別の1人が1枚ずつ3回，数字のカードを引きます。その3桁の数字の宝くじが当たった人には，1億円札をあげます。

● ● ● 身体をあまり動かさないでちょっと頭を使うレクリエーション

■留意点■

　1億円はめったに当たりません。当たらなかった場合は,「この売り場からは1億円のくじはなかった」ということにして,また最初からやってみましょう。

9　物語作り

■用意するもの■　　なし

■遊び方■

　参加者は輪になって座ります。

　先頭の人を決めます。これからみんなで物語を作ります。最後の人で必ず終わるようにします。

　はじめに先頭の人が「ある所に，非常に親孝行で美しい女の人がいました」と言って右隣の人にふります。右隣の人はその続きを作ります。例えば「その娘はある日，親と一緒に隣村の盆踊りに出かけ，その村の男に恋をしました」と，また右隣の人にふります。

　最後の人に，その物語が回ってきたら，その物語が終わるように作らなければなりません。

　さあ，どんな物語になるのでしょう。

■留意点■

　物語は1人約1分間の話にして，隣の人に回すようにしてください。

●●● 身体をあまり動かさないでちょっと頭を使うレクリエーション

10 宝くじ抽選会

■用意するもの■

8cm×8cm ぐらいの正方形の更紙(参加者の人数より多めに)，筆記用具，抽選箱(30cm×30cm ぐらいのダンボール箱に手が入るような穴を上に開けます)，ホチキス

■遊び方■

参加者に 8cm×8cm ぐらいの正方形の更紙と筆記用具を配ります。参加者はその紙に自分の欲しい物を書きます。例えば，ベンツ，ダイヤモンド，旅行券等。残った紙の半分には，職員かリーダーが「現金100万円」とか「金券」を，もう半分に「残念でした」と書きます。

書き終わった紙を集め，書かれた方を内側にして，斜め三角に4つ折りにして端をホチキスで止め，抽選箱に入れます。

リーダーは「さあ，宝くじ抽選会のはじまり」と言って，順番に1人ずつ引いてめくり，賞品を発表してから次の人が引きます。

■留意点■

誰でも読めるように，はっきりと書くように指導します。

●●● 身体をあまり動かさないでちょっと頭を使うレクリエーション

11 歌リレー

■用意するもの■

マイク（本物でなく，おもちゃの物でもよい）

■遊び方■

輪になって座ります。

リーダーは，みんなの知っている歌のはじめの小節をうたい，次に誰か1人にそのマイクを渡します。渡された人は次の小節をうたい，隣の人にマイクを渡します。こうしてどんどんマイクを渡していく歌リレーをします。

例えば，はじめにリーダーが，

「もしもしかめよ，かめさんよ」

と，うたいマイクを渡します。渡された人は，

「世界のうちで，おまえほど」

と，うたい次の人にマイクを渡します。（「うさぎとかめ」石原和三郎作詞，納所弁次郎作曲）

■留意点■

男女2チームに分け，はじめの小節を男性チームでうたい，次の小節を女性チームでうたう，相互のデュエットをしてもおもしろいでしょう。

● ● ● 身体をあまり動かさないでちょっと頭を使うレクリエーション

12 魚，木で勝負

■用意するもの■　なし

■遊び方■

　赤白2組に分けます。赤組は右半分，白組は左半分に座ります。リーダーは各組の前の真ん中に立ちます。

　各組の代表が出てジャンケンをして，先攻，後攻を決めます。

　リーダーは先攻の組に向かって「さかな！」と言います。言われた組は誰でもいいですから「さかな」の名前を言います。次に後攻もすかさず前の組と違った「さかな」の名前を言います。続いてまた先攻の組もいままで出ていない「さかな」の名前を言います。

　こうして，交互に名前を言い合って，つまった組が負けとなります。

　このようにして，次は「木」の名前，「花」の名前，「野菜」の名前等で遊びます。

■留意点■

　勝敗を決めるときは，行き詰まって10秒たったら勝負をつけましょう。

　また，あまり知られていない魚でも，相手の組が納得すればいいことにします。例えば「この魚は北海道の摩周湖だけにいる魚で，地元の人はみんな知っているよ」「ほんとかな？　まあいいや」となれば，OK！

●●● 身体をあまり動かさないでちょっと頭を使うレクリエーション

13 なんでも屋

■用意するもの■

各グループに紙と筆記用具

■遊び方■

3～4人のグループに分かれます。各グループでお店屋さんを作ります。まず，店の名前を考えて決めてください。（みんなに覚えられるような，ユニークな名前をつけましょう。）

この店には何でも売っています。特に他の店にないユニークな物を売ることが特徴です。でも，指定された「字」が頭にくる品物しかだめです。例えば「あ」という字が指定されたら，「あ」のつく物は何でもいいのですから，アメ，穴子，愛，アメンボ，アメリカ合衆国，アフリカ大陸，青い空，あか，秋，頭，足等をグループで考え，指定された時間内で考えて紙に書きます。指定時間は5分間ぐらいがいいでしょう。

書き終わったら，グループごとに発表をしますが，他のグループになかった物だけ○をつけ，各チームの○の数で競います。

では，やってみましょう。指定した字は「あ（例）」です。さあ，5分間で話し合って書きましょう。

■留意点■

各グループは他のグループに聞こえないように，離れて座ってください。

郵便はがき

460-8790

413

料金受取人払郵便

名古屋中局
承認

574

差出有効期間
平成27年12月
31日まで

名古屋市中区
　丸の内三丁目6番27号
　　（EBSビル八階）

黎明書房 行

| **購入申込書** | ●ご注文の書籍はお近くの書店よりお届けいたします。ご希望書店名をご記入の上ご投函ください。（直接小社へご注文の場合は代金引換にてお届けします。1000円未満のご注文の場合は送料300円,1000円以上2500円未満の場合は送料200円がかかります。） |

（書名）　　　　　　　　　（定価）　　　　円　（部数）　　　部

（書名）　　　　　　　　　（定価）　　　　円　（部数）　　　部

ご氏名　　　　　　　　　　　　TEL.

ご住所　〒

ご指定書店名 (必ずご記入下さい。)	取次・番線印	この欄は書店又は小社で記入します。
書店住所		

愛読者カード

今後の出版企画の参考にいたしたく存じます。ご記入のうえご投函くださいますようお願いいたします。新刊案内などをお送りいたします。

書名	

1. 本書についてのご感想および出版をご希望される著者とテーマ

※上記のご意見を小社の宣伝物に掲載してもよろしいですか?
　　□ はい　　□ 匿名ならよい　　□ いいえ

2. 小社のホームページをご覧になったことはありますか?　□ はい　□ いいえ

※ご記入いただいた個人情報は、ご注文いただいた書籍の配送、お支払い確認等の連絡および当社の刊行物のご案内をお送りするために利用し、その目的以外での利用はいたしません。

ふりがな
ご氏名　　　　　　　　　　　　　　　　　　　　年齢　　歳
ご職業　　　　　　　　　　　　　　　　　　　（男・女）

（〒　　　）
ご住所
電話

ご購入の 書店名		ご購読の 新聞・雑誌	新聞（　　　　　） 雑誌（　　　　　）

本書ご購入の動機（番号を○でかこんでください。）
1. 新聞広告を見て（新聞名　　　　　）　2. 雑誌広告を見て（雑誌名　　　　）　3. 書評を読んで　　4. 人からすすめられて
5. 書店で内容を見て　　6. 小社からの案内　　7. その他

　　　　　　　　　　　　　　　　　ご協力ありがとうございました。

● ● ● 身体をあまり動かさないでちょっと頭を使うレクリエーション

店の名前を
つけましたか
これから5分間で
「あ」のつくものを
考えてください。

14 大，小，長，短

■用意するもの■　なし

■遊び方■

まず，動作を覚えます。

大　両手を広げる

小　両手を狭め胸の前に

長　右手（左手）を胸の前，左手（右手）を下の方に

短　長の両手を近づける動作

動作を覚えたら，リーダーの指示に従います。

リーダーは「そーれ！　それ，それ，大!!」というようにします。「そーれ！　それ，それ，」の間は，リーダーも参加者と拍手をしながら待っています。

●●● 身体をあまり動かさないでちょっと頭を使うレクリエーション

リーダーは,わざと間違えを誘うような指示をします。
「そーれ！ それ,それ,大!!」……
「そーれ！ それ,それ,中!!」―? こんな動作はないですね。
「そーれ！ それ,それ,長じゃなくて小!!」とか。

■留意点■

リーダーは参加者に乗る（調子を合わせる）ように言って盛り上げてください。

15 ご注文は何ですか

■**用意するもの**■

各自メモ用紙と筆記用具

■**遊び方**■

1人注文取りの人を決めます。他の人は注文する人になります。注文取りの人は，みんなの前に立ち「ご注文取りに参りました」と言い，他の人は自分のメモ用紙に，ユニークな品物を書きます。例えば「ぶたのしっぽ」とか「お墓」とか「恋の薬」とか「メダカのさしみ」等。その書いたものを注文取りの人に渡し，注文取りは1人ずつ確認します。

全部注文メモが集まったら，誰か1人によくかきまぜてもらいます。

それから，今度は「はい，お待ちどうさま」と言いながら，メモを配り返していきますが，注文した人にきちんと「あなた様は，お墓でしたね」と間違いなく返していきます。

見事にできましたら，今度は他の人に変わります。

■**留意点**■

間違えるところがおもしろいのですから，間違えたら「おれは，まだお墓はいらないよ」等々，みんなで笑うようにしてください。

● ● ● 身体をあまり動かさないでちょっと頭を使うレクリエーション

16 ラッキーセブン

■用意するもの■
トランプ1組(ただし参加者が12人以上の場合,トランプは2組)

■遊び方■
赤白同人数で2組に分かれ,各組とも順番を決めます。

トランプは裏にしてバラバラにテーブルの上に置きます。「はじめ」の合図で赤組,白組の先頭の人は向き合って,「セーノ!!」と言って同時にトランプ1枚を表にします。どちらか数が大きい方の人が小さい方のカードをもらうことができます。

例えば,赤組の人が9のカードで,白組が5のカードとしたら,赤組の人は9のカードと白組の人から5のカードをもらいうけ,その9と5のカードが赤組の持ち分となります。

こうして各組のカードを増やしていくのですが,7のカードが出たときは,相手の組の持っているすべてのカードをもらうことができます。最後にカードを多く持っている組が勝ちです。

さあ,最後に笑うのはどっちのチームでしょう。

■留意点■
ルールをよく説明し,一度やってみてください。ジョーカーは使わないでください。

絵札は,Jが11,Qが12,Kが13とします。

● ● ● 身体をあまり動かさないでちょっと頭を使うレクリエーション

17 なんでもベスト3

■用意するもの■

各チームに筆記用具とメモ用紙

■遊び方■

リーダーの質問に対して，話し合ってチームごとのベスト3を決めます。

その結果をチームごとに発表し，合計して，全体のベスト3を決めます。（各チームの答えがバラバラになるかもしれませんが，それはそれでおもしろいです。）

リーダーは問題を出します。例えば，

第1問「一番行ってみたい温泉はどこでしょう。」
第2問「いま一番食べたい物は何でしょう。」
第3問「いま一番欲しい物は何ですか。」
第4問「いま1千万円もらったらどうしますか。」
第5問「いま一番いやなことは何ですか。」等。

さあ，話し合ってベスト3をお知らせください。

■留意点■

各チームの個人ごとに答えはさまざまですが，話し合ってチームごとのベスト3を決めるのがおもしろいです。

あるとき「1千万円もらったら，ばあさんにあげる」と言った人もありました。

● ● ● 身体をあまり動かさないでちょっと頭を使うレクリエーション

18 おみやげに何を買ったでしょう

■用意するもの■

おみやげ一覧表(模造紙に書いて張るか,ボードに書く),各チームにメモ用紙と筆記用具

■遊び方■

おみやげ一覧表を作ります。(下図参照)

```
            おみやげ一覧表
    １．温泉まんじゅう      ６．干物
    ２．地元の漬物          ７．ゆずようかん
    ３．おせんべい          ８．記念のハンカチ
    ４．お人形              ９．洋菓子
    ５．地酒                10．静岡茶
```

参加者から１人,誰でもいいので選びます。あとは３～４人ぐらいでチームを作ります。そのチームにメモ用紙と筆記用具を渡します。

選ばれた人は,このおみやげの中から３つの品物を選んで,そっとリーダーに告げます。

リーダー「〇〇さんは伊豆温泉に行き,この中から３つおみやげを買いました。さあ,何を買ったか,各チームで相談して選んでください。」

さあ,どのチームが当てるでしょうか。

● ● ● 身体をあまり動かさないでちょっと頭を使うレクリエーション

19 絵合わせ

■用意するもの■

新聞大のカラーチラシ，模造紙，のりをそれぞれチーム数分

■遊び方■

チラシを10片ぐらいに切っておきます。その10片と，模造紙，のりを各チームに配ります。

参加者は4〜5人ぐらいのチームを作ります。(1人ぐらい少ないチームができてもかまいません。)

リーダーの合図で，各チームは模造紙を台紙にして，チラシを合わせ，のりづけをして元のチラシにします。

さあ，どのチームが早く正確にできたでしょう。

■留意点■

あまり小さくチラシを切り離さないようにします。

位置が決まってから，のりづけをするようにします。

● ● ● 身体をあまり動かさないでちょっと頭を使うレクリエーション

20 まとめてハウマッチ

■用意するもの■

新聞大のカラーチラシ，各チームに筆記用具とメモ用紙

■遊び方■

参加者は3～5人ぐらいのチームを作ります。

リーダーはチラシの中から5点ほど選び，その品物のねだんを1つずつメモしておきます。そうして，チラシの値段の所だけ消します。

リーダーは，

「今日，このチラシの中から，この品物とこの品物とこの品物とこの品物とこの品物の，5つの商品を買いました。

さあ，そこで，この5つの品物全部でまとめていくらだったでしょう。各組相談して当ててみましょう。」

と言って，各チームにメモ用紙を筆記用具を渡します。

■留意点■

リーダーはチラシを参加者に見せ，1つずつ，「これと，これを買いました」と指差して進めます。

買った物の内に必ず目玉商品を1つ入れてください。

男性だけのチームは作らないようにしましょう。

● ● ● 身体をあまり動かさないでちょっと頭を使うレクリエーション

まとめてハウマッチ

●コラム●

うた体操のヒント

　ティータイムの前後やちょっとした集会のとき，歌に合わせて軽く体をほぐすことは大切です。歌をうたうことで，その曲にまつわるいろいろな思い出とともに自分の人生を振り返ることもでき，うたいながら軽く体を動かすことで筋肉もほぐれ，リフレッシュに最適で，元気もわいてきます。

　また大きな声で歌をうたえば，日ごろ声を出す機会の少ない人も気持ちが発散され，リフレッシュすることができます。歌に合わせて体を動かすことでいろいろな器官機能の回復につながります。そしてこころが豊かになり，生きがいを感じ，楽しさと笑いを呼び込むことができます。

　指導する前に大切なことは「参加をうながす無理強いはしない」ということです。あくまでも「やってみたい人」が「できることをする」のが原則です。何もしたくない人はしなくてもいいのです。

　また，全部がうまくいかなくてもいいのです。リズムや音がはずれても気にすることはありません。両手でたたくところを片手でたたいても結構です。

　本人がやってみたい，楽しかった，と思うことが一番大切なのですから……。

軽く身体を動かす リラックス レクリエーション

虚弱な人でも，障害のある人でも，できるかぎり無理のない運動が，健康を維持するためには必要です。
それを楽しみながらするレクリエーションです。

1 軽く身体を動かす準備体操

1．腕を伸ばす

① 両手を組んで思いきり上に伸ばす。

② 組んでいる手を解いて，力を抜いて下ろす。

③ もう1度両手を上に。

④ その手を下ろす。

⑤ 右手をパッと開いて上にあげる。左手は胸。

⑥ 今度は手を逆に。

⑦ もう1度繰り返す。

軽く身体を動かすリラックスレクリエーション

2．肩の運動

① 両肩をゆっくり上げる。

② 肩をストンと落とす。

③ もう1度繰り返す。

④ 左肩を回す。

⑤ 右肩を回す。

⑥ 両肩を回す。

⑦ ④～⑥を繰り返す。

3．首の運動

① 首を右側へ倒す。

② 今度は左側へ倒す。

③ もう1度繰り返す。

④ 首をぐるりと時計回りに回す。

⑤ 逆に回す。

⑥ ④～⑤を繰り返す。

● ● ● 軽く身体を動かすリラックスレクリエーション

4．全身お目覚め体操

　2人ずつ組みます。

　1人は背を向けます。もう1人は手のひらを軽くまるめて，背を向けている人の肩，背，腰，足のふくらはぎを，パンパンとたたきながら首から足，次に足から首にかけてたたきます。

　次は，たたく人，たたかれる人を交代します。

2　グー，パー，拍手

■用意するもの■

黒板，またはホワイトボード

■遊び方■

黒板（またはホワイトボード）に「春よ来い」（相馬御風作詞，弘田龍太郎作曲）の歌詞を書きます。

歌に合わせて次の動作をします。

① 春よ
③ はやく
⑤ 歩き
⑦ みいちゃん

右手をパーで前に出し，同時に左手はグーで胸につける。

② 来い
④ 来い
⑥ はじめた
⑧ が

左手はパーで前に，右手はグーで胸に。

●●● 軽く身体を動かすリラックスレクリエーション

⑨　赤い鼻緒のじょじょはいて

軽くひじを曲げて，前後に振る。

⑩　おんもに出たいと
　　待っている

拍手を8回する。

> **春よ来い**（相馬御風作詞，弘田龍太郎作曲）
> 春よ来い　はやく来い
> 歩きはじめた　みいちゃんが
> 赤い鼻緒のじょじょはいて
> おんもに出たいと待っている

■**留意点**■

　はじめに一緒に歌をうたってからやりましょう。
　「春よ来い」の他に「はと」（文部省唱歌），「桃太郎」（岡部貞一作曲，文部省唱歌）でもよいでしょう。

3　名物送り

■用意するもの■

　ハンカチ2枚（同じ物）

■遊び方■

　赤白2組に分けます。先頭を決めます。各組は1列になり，正面に向かって背を向けた状態で座ります。

　リーダーは各組の先頭の人を部屋の隅に呼び，ハンカチを1枚渡します。そのときリーダーは，そのハンカチの「いわれ」を言って渡します。

　例えば「このハンカチは光源氏がトイレに入ったときに使ったハンカチと全く似ていないハンカチです。」

　「いわれ」を聞いた先頭の人は，自分の席に戻り，後ろを向いて座っている人の肩をたたいて振り向かせて，リーダーに言われたとおりのことを言って，その人にハンカチを渡します。その人は次の人の肩をたたいて振り向かせて，同じように渡していきます。

　ハンカチが最後の人に渡ったら，ジャンケンをして勝った組の人から，みんなに向かって，前の人に言われたとおりのことを言ってハンカチを見せます。次の組の人も，自分の前の人に言われたとおりに発表します。

　あれ，あれ，いつの間に変わってしまったのでしょう。

●●● 軽く身体を動かすリラックスレクリエーション

■留意点■

　相手の組の声が聞こえないように各組離れて座ります。また，言葉を伝達するときは，伝える人の耳元で伝えるようにします。

　これは，速さを競うゲームではないので，急がずに伝えるように指導します。

4 大絵作り

■用意するもの■

週刊誌，雑誌，チラシ等を適当に。チームごとにハサミ，のりを1つずつ，模造紙を1枚

■遊び方■

4～5人ぐらいのチームに分けます。各チームに週刊誌，雑誌，チラシ等を適当に分け，他にハサミ1つ，のり1つ，模造紙1枚を分けます。

各チームともテーマを決めて，週刊誌等の風景，人物，建物等を切り抜き，模造紙に貼って大きな絵を作ります。

できあがったら，チームごとに発表します。

例えば「これは日本のどこかにある，行ってみたい所です」とか，「昨夜見た夢の世界です」など。

■留意点■

難しいテーマを考えずに，好きな物をどんどん切って貼っていき，後で物語を作ればいいのです。

ただし，台紙（模造紙）の上下は決めて貼るようにすること。

●●● 軽く身体を動かすリラックスレクリエーション

5　カルタ神経衰弱

■用意するもの■

「いろはかるた」の絵札 2 組（同じ物）

■遊び方■

「いろはかるた」の絵札のみ使います。

かるたの絵札を裏にしてバラバラに置き，そのまわりに参加者が座ります（3 〜 5 人ぐらい）。初めの人を決めて，左右どちら回りか決めます。

あとはトランプの神経衰弱と同じように 2 枚同じ札がそろったら自分のものとなり，一番多く札を取った人が勝ちです。

■留意点■

6 人以上は無理ですので，他の人は応援にまわり，次回に参加するようにしてください。

トランプと違って絵ですので，わかりやすく，同じ札が 2 枚しかないので置いてある場所がわかりやすいです。

● ● ● 軽く身体を動かすリラックスレクリエーション

6 歌ジャンケン

■用意するもの■

キャラメル，のどあめ，ガム，テーブル

■遊び方■

テーブルの上にキャラメル，のどあめ，ガムを多めに用意し，バラバラに置きます。

参加者は，そのテーブルのまわりに座ります。はじめにみんなで昔遊んだことのある手まり歌「あんたがたどこさ」をうたいます。

あんたがたどこ（さ）　肥後（さ）　肥後どこ（さ）　熊本（さ）
熊本どこ（さ）　せんば（さ）
せんば山には　タヌキがおって（さ）
それを猟師が　鉄砲で打って（さ）
煮て（さ）　焼いて（さ）　食って（さ）
それを木の葉で　ちょっとかぶせ

今度は，手をたたきながらうたって，「さ」の所でジャンケンをします。勝った人だけ，テーブルの上のものを1つだけ取ることができます。

■留意点■

1テーブル3〜5人ぐらいでやってみてください。終わるまで勝つ人が出てこない場合もありますので，そのときはまた続けましょう。

● ● ● 軽く身体を動かすリラックスレクリエーション

7　震源地はどこだ

■用意するもの■

空き缶，割り箸（人数分）

■遊び方■

　鬼になる人を決めます。他の人は各自割り箸と空き缶を持って輪になって座ります。

　鬼は輪から少し離れた所に後ろ向きに立ちます。

　輪の人は，鬼にわからないようにリーダーを1人決めます。リーダーは箸を持って空き缶をたたきます。他の人はリーダーと同じようなたたき方で空き缶をたたきます。（リーダーと同じように，例えば，左手に空き缶を持ちそれをひざの上に乗せ，右手で箸を持ってゆっくりとたたく等，まったく同じようにまねをします。）

　その状態で鬼は輪の真ん中に入れてもらい，リーダーが誰であるかを当てます。

　リーダーは鬼が他の人を見ている間に，さっとたたき方を変えます。輪の人もそれを見てリーダーと同じように変えます。

　こうして鬼は，リーダーが誰であるかを当て，当てられた人が今度は鬼になります。

■留意点■

　みんなが，リーダーを見ていると鬼に当てられてしまいますので，見ないふりをして，まねをします。

● ● ● 軽く身体を動かすリラックスレクリエーション

8　カスタネットで遊ぶ

■用意するもの■

　１人１個のカスタネット

■遊び方■

　リーダーが指定した言葉を言ったとき，カスタネットを１回，または２回打ちます。

　例えば，リーダーが「これから≪あ≫という言葉を言ったらカスタネットを１回打ってください。では，いきますよ。

　ⓐさ起きて顔をⓐらって，ⓐさのⓐいさつをしました。窓からはⓐさひがとてもきれいでした。窓の下にはⓐさがおも咲きました。」

　「今度は≪あ≫のときは１回，≪い≫のときは２回打ちます。では，いきますよ。

　ⓐさ起きて，ⓐいさつをしましょう。気持ちのⅰⅰⓐさですね。今日はⓐめですが，元気のⅰⅰ皆様方の顔を見て，ⓐんしんしました。」

■留意点■

　はじめに，≪あ≫の次は≪か≫，その次は≪さ≫の字とか，１回ずつ打つ練習をしてから，２回ずつ打つ字を入れて練習をしてください。

　はじめは該当する字はゆっくりと，大きな声で，はっきりと言ってください。

●●● 軽く身体を動かすリラックスレクリエーション

あさの
あいさつ
ありがとう

9 サイコロゲーム

■用意するもの■

サイコロ1個，各自碁石1個，見取図（図参照）

■遊び方■

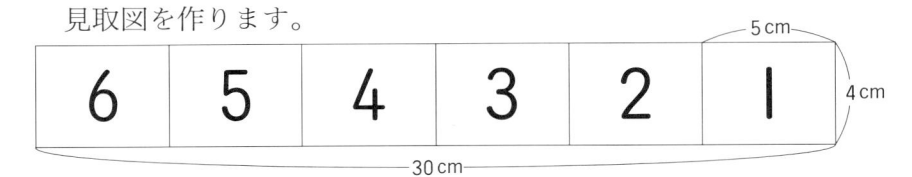

見取図を作ります。

| 6 | 5 | 4 | 3 | 2 | 1 |

(30cm × 4cm，各マス5cm)

参加者の順番を決め，各自碁石を1つ持ちます。（自分のものがわかるように印を作り，セロハンテープで碁石に貼ります。）

最初の人はサイコロを振って，その出た目の数が書いてある所へ自分の碁石を置きます。他の人も同様にします。全員まわって2回目のときは，出た目の数だけ進みます。ただし，6の目に行ったときはそこから1へ向かって帰ります。

例えば，1回目で4の所に自分の碁石を置いた人が，2回目に振ったサイコロの目が5だったときは，4→5→6→5→4→3と動くので，その人は3と書いてある所へ戻ってしまいます。

こうして，何回もやって，自分の碁石が，1の所にきちんと戻った人が勝ちです。

■留意点■

1度リーダーがやってみせてから，みんなでやってみましょう。

● ● ● 軽く身体を動かすリラックスレクリエーション

10 釣堀遊び

■用意するもの■

10円硬貨1枚，釣堀（図参照）

■遊び方■

釣堀を作ります。（模造紙に魚を描いたもの）

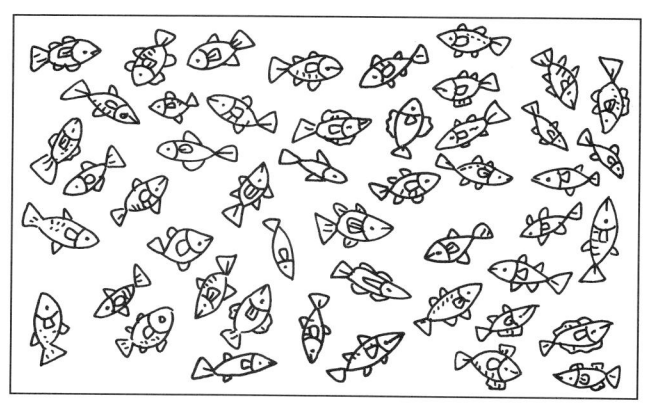

参加者は釣堀のまわりに座ります。順番を決めます。

最初の人が10円硬貨を釣堀に向かって放り投げ，その硬貨がさわった魚は全部釣り上げたことにします。他の人も同様にします。

1人3回やって，その釣れた数を競います。

さあ，誰が一番多く釣れたでしょう。

■留意点■

釣堀を作るところから始めてください。模造紙に，参加者全員に魚を描いてもらいましょう。

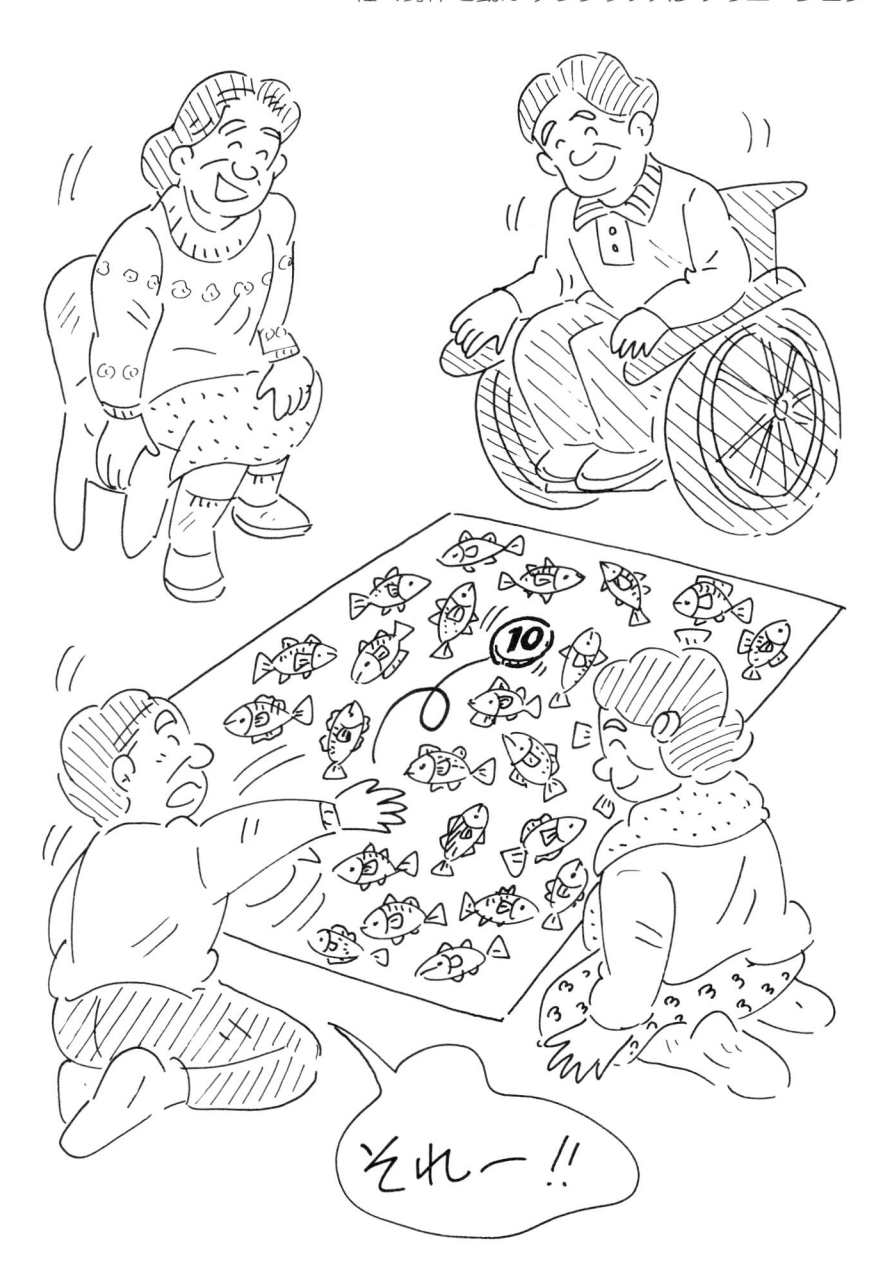

● ● ● 軽く身体を動かすリラックスレクリエーション

11 からす，きつね，たぬき

■用意するもの■　　なし

■遊び方■

はじめに「からす」「きつね」「たぬき」の動作を覚えます。

「からす」

両手を横に広げて
飛ぶような動作

「きつね」

両手を耳の後ろに
持っていき，耳を
つくる動作

「たぬき」

両手でおなかを
たたく動作

以上の動作を覚えたら，リーダーの言うとおりに動作をします。

「からす，からす，きつね!!」

「きつね，きつね，たぬき!!」

「たぬき，きつね，からす!!」

●●● 軽く身体を動かすリラックスレクリエーション

「からす，たぬき，きつね!!」（こう言いながら，リーダーはわざと動作を間違えます。）

　あれ，間違えましたね。でも，みなさんは間違えないようにしてください。いきますよ。

12 ポケットティッシュ取り

■用意するもの■

新聞紙2枚,ポケットティッシュ10個ぐらい,お手玉を参加者1人に1つ

■遊び方■

部屋の真ん中に新聞紙2枚を広げ,その上にポケットティッシュをバラバラに置きます。

参加者は,お手玉を手に持ってそのまわりに集まり,順番を決めます。

合図で最初の人はお手玉を投げて,ティッシュに乗せるか,さわるようにします。そうすれば,そのポケットティッシュは自分のものになります。こうして順番にお手玉を投げ,ポケットティッシュ取りをします。

さあ,誰が一番多く取れるでしょう。

■留意点■

投げるのが難しい人は(手を伸ばして)上から落とすようにしてください。

また,ティッシュが少なくなったら途中で足してください。

●●● 軽く身体を動かすリラックスレクリエーション

がんばれ！

77

13 お面で勝負

■用意するもの■

画用紙を丸く切ったもの（直径5cmぐらいのもの），マーカーペン，またはクレヨン，太めのサインペン

■遊び方■

丸く切った画用紙と，マーカーペン等を配ります。その画用紙の片面のみに簡単な顔を描きます。

その顔を描いた画用紙を持って2人組になり，2人は向き合って立ちます。（車椅子の人は座ったままでいいです。）

お互いに，そのお面の隅を指でつまみ，自分の頭の高さまで持っていき，リーダーの合図でつまんでいる指をはなします。

お面はひらひらと床に落ちて，自分の持っていたお面の顔が上になったら勝ち，顔が見えない方が上になったら負けです。

■留意点■

丸い紙はあまり厚いとひらひらしませんので，画用紙ぐらいの厚さがいいです。

展開遊びとして，勝った人が負けた人のお面をもらい，また勝った者同士が勝負をして，最後に誰が勝ち残るかを競うのもおもしろいでしょう。

● ● ● 軽く身体を動かすリラックスレクリエーション

5cm

やったー!!

14 新聞破り

■用意するもの■

新聞紙，エンピツ，または箸1本

■遊び方■

リーダーと，もう1人手伝ってもらいます。

リーダーともう1人の人は2人で1枚の新聞紙の四隅を持ってピンと張るようにします。

他の人は順番を決めておきます。最初の人は，エンピツ（なるべく長いエンピツで，削って芯が出ているもの）または，箸1本を持って，リーダーの合図で新聞紙に穴を開けます。同じ要領で次の人も穴を開けていき，新聞紙が2つに破れたらやめます。

さあ，何番目の人で破れてしまうでしょうか。

■留意点■

新聞紙はピーンと張るように持ってください。

また，エンピツをさしたらすぐ抜いてください。

● ● ● 軽く身体を動かすリラックスレクリエーション

15 ダルマ倒し

■用意するもの■

　更紙より少し厚めの画用紙をハガキ大に切ったもの数枚，おはじき用のビンのふた5個

■遊び方■

　ハガキ大に切った画用紙を半分に折り，ついたてを作ります。ついたての表にダルマの絵を描き，裏に点数を書きます。(図参照)
10点と書いたものを2枚，30点と書いたものを2枚，50点と書いたものを1枚作り，テーブルの上に立てます。手前から10点，20点，50点の順に置きます。

　順番を決めます。最初の人はビンのふたのおはじきを持って，立っている手前の端から，5個のおはじきをはじいてダルマを倒していきます。

　終わったら，リーダーは倒れたダルマを立て直し，ふたのおはじきを集めて次の人に渡し，替わってもらいます。

　さあ，誰が何点倒すことができたでしょう。

■留意点■

　ゆっくりとやり要領を覚えたら，赤白2組に分かれて競い合うのもおもしろいでしょう。

●●● 軽く身体を動かすリラックスレクリエーション

16 洗濯ばさみを使って・1

■用意するもの■

カラーの洗濯ばさみ10〜20個，手ぬぐい1本

■遊び方■

参加者に洗濯ばさみを1人5個ぐらい配ります。リーダーは参加者の前に立ちます。

合図で，参加者はリーダーの服に洗濯ばさみをつけます。全員付け終わったら，参加者の中から1人を選んで手ぬぐいで目隠しをして，合図をしてから1分間で，いくつ洗濯ばさみが取れるか競争します。

1分間たったら，目隠しを取ってみんなのいる前で数えましょう。その取った洗濯ばさみを配り，また同じようにしましょう。

さあ，誰が一番多く取ったでしょう。

■留意点■

はじめにリーダーの服につけるときは，全員でつけると危険ですので3人ぐらいずつに分けてつけさせてください。

●●● 軽く身体を動かすリラックスレクリエーション

17 洗濯ばさみを使って・2

■用意するもの■
シーツ1枚，小さめの脚立1台，洗濯ばさみ50個ぐらい

■遊び方■
洗濯ばさみをシーツのあちこちに挟みます。このシーツを脚立にかぶせます。

リーダー「今日は八十八夜です。みなさんで茶摘みをしましょう。」

そして，リーダーの合図で，シーツの洗濯ばさみを取りますが，ただ取るのではつまりませんので，1分間で誰が一番多く摘んだか競争しましょう。

■留意点■
あまり競争意識をあおるようなことはしないで，「茶摘み」の歌をうたいながら楽しくしましょう。

> **茶摘み**（文部省唱歌）
> 夏も近づく八十八夜
> 野にも山にも若葉が茂る
> あれに見えるは茶摘じゃないか
> あかねだすきに菅（すげ）の笠

● ● ● 軽く身体を動かすリラックスレクリエーション

夏も近づく♪
八十八夜♪

18 トンネル，コロコロ

■用意するもの■

ダンボール1個，ペットボトル（2ℓ）2本，ボール（直径15cmくらい）2個

■遊び方■

スタートラインを決め，そこから2mぐらい先にダンボールのふたと底の両方を空けて置き，ダンボールの向こう側にペットボトルを2本立てておきます。

合図で，スタートラインからボールを転がし，ダンボールの向こうにあるペットボトルを倒します。

1投でうまく2本倒れたら10点，2投目で2本とも倒れたら5点，1本だけ残ったら3点とします。

さあ，誰が一番点数が多いでしょう。

■留意点■

赤白2組に分かれて勝負するのもいいでしょう。

ペットボトルに少しだけ水を入れておいた方が，安定して倒れにくいと思います。

●●● 軽く身体を動かすリラックスレクリエーション

19 幸せなら○○しよう

■用意するもの■　なし

■遊び方■

「幸せなら手をたたこう」（アメリカ民謡，木村利人訳詞）の歌に合わせて，いろいろな動作をします。

まず，「幸せなら手をたたこう」（1番）をやってみましょう。

♪幸せなら手をたたこう
（歌って拍手を2回する）
　幸せなら手をたたこう
（同じく拍手2回）
　幸せなら態度でしめそうよ
　ほら，みんなで手をたたこう
（拍手2回）

次に「手をたたこう」のところを「足ならそう」で足踏みを2回，「肩たたこう」で肩を2回，「ほっぺたたこう」でほっぺ2回，この他「ひざたたこう」「お尻たたこう」「腹たたこう」等，いろいろと変化させます。

また，「ウインクしよう」とか「キス（投げキス）しよう」とか，「握手」とか「だっこ」とか，いろいろ変化させてやってみると楽しいでしょう。

● ● ● 軽く身体を動かすリラックスレクリエーション

トントン

「足ならそう」

トントントン

「肩たたこう」

パンパン　パンパン

「ホッペたたこう」

20 散歩でごあいさつ

■用意するもの■

　ゆっくりめの行進曲または歌の入ったテープやCD，カセットデッキやCDプレーヤー

■遊び方■

　音楽が流れたら自由に歩き回ります。途中でリーダーは音楽を止めます。

　止まったときに，近くにいる人と向き合い，「こんにちは」とあいさつして，お互いに自己紹介をしてお話をします。

　例えば，「こんにちは，私は○○○○と申します。よろしくお願いします。」「こんにちは，私は○○○○といいます。今日はよい天気ですね。」

　再び，音楽が鳴ったら「さようなら」または「失礼します」と言って別れ，1人で歩き，音楽が止まったら，新しい人とまた同じようにします。

■留意点■

　車椅子の人も片麻痺の人でもできるように，ゆっくりと歩ける曲にしてください。

　会話を大切にするために，出生地とか，趣味を聞き合うとかするといいでしょう。

● ● ● 軽く身体を動かすリラックスレクリエーション

21 誰が一番お金持ち？

■用意するもの■

紙で作ったお札（1万円札ぐらいの大きさの紙に金額を書いたもの）を1万円札20枚，5千円札30枚，千円札40枚，買物袋

■遊び方■

買物袋にお札をバラバラに入れておきます。

リーダー「さあ，今日皆さんはお金持ちになるチャンスがありますよ。私とジャンケンをして勝った人だけ，この袋に入っているお札を1枚だけ取ることができます。負けても大丈夫ですよ。ジャンケンは3回します。さあ，誰が一番お金持ちになれるでしょうか。

では，いきますよ。ジャン，ケン，ポン！！」

■留意点■

お札を裏にしてテーブルに置き，勝った人がめくって持って行くのもおもしろいでしょう。

● ● ● 軽く身体を動かすリラックスレクリエーション

参考文献

『知っているときっと役に立つ健康寿命をのばすクイズと体操60』
　　　　　　　　　　　　　京極正典監修，石田泰照著，黎明書房
『車椅子・片麻痺の人でもできるレクリエーションゲーム集』
　　　　　　　　　　　　　　　　　　　今井弘雄著，黎明書房
『続お年よりにうけるレクリエーション』斎藤道雄著，大月書店
『子どもにウケる国語クイズ』
　　　　　　　　　　　　グループ・コロンブス編，主婦と生活社
『高齢者のための歌レク体操』今井弘雄著，生活ジャーナル社
『高齢障害者のためのグループレクリエーション・楽しいゲーム204』
　　　　　　　　松本あづさ著，財団法人日本レクリエーション協会
『ちょっとしたボケ防止のための言葉遊び&思考ゲーム集』
　　　　　　　　　　　　　　　　　　　今井弘雄著，黎明書房

著者紹介

●今井弘雄

　1936年生。国学院大学卒，元医療法人社団明芳会板橋中央総合病院福祉課長。ヘルパー養成講座講師。日本創作ゲーム協会代表理事，子ども文化研究所委員。

＜おもな著書＞

『生きがいづくり・健康づくりの明老ゲーム集』(共著)『ちょっとしたリハビリのためのレクリエーションゲーム12ヵ月』『ちょっとしたリハビリのための手あそび・指あそび』『車椅子・片麻痺の人でもできるレクリエーションゲーム集』『ちょっとしたボケ防止のための言葉遊び＆思考ゲーム集』『おおぜいで楽しむゲームと歌あそび』『少人数で楽しむレクリエーション12ヵ月』『介護予防と転倒予防のための楽しいレクゲーム45』『子育て支援のための手遊び・指遊び42』『子育て支援のための異年齢児のふれあいあそび44』『2〜5歳 異年齢児・タテ割集団ゲーム集』『楽しい野外ゲーム75』(以上，黎明書房)，『バスの中のゲーム』(文教書院)

　　　　虚弱や軽い障害・軽い認知症の人でもできるレクゲーム集

| 2005年7月15日 | 初版発行 |
| 2014年12月15日 | 7刷発行 |

著　者	今　井　弘　雄
発行者	武　馬　久仁裕
印　刷	株式会社　太洋社
製　本	株式会社　太洋社

発　行　所　　株式会社　黎　明　書　房

〒460-0002　名古屋市中区丸の内3-6-27　EBSビル
☎052-962-3045　FAX 052-951-9265　振替・00880-1-59001
〒101-0047　東京連絡所・千代田区内神田1-4-9
　　　　　　松苗ビル4階　☎03-3268-3470

落丁本・乱丁本はお取替します。　　ISBN978-4-654-05634-7

Ⓒ H. Imai 2005, Printed in Japan
日本音楽著作権協会(出)許諾第0507434-407号

斎藤道雄著　　　　　　　　　　　　　　　　　　　Ａ５判・94頁　1600円
実際に現場で盛り上がるゲーム＆指導のコツ

お年寄りと楽しむゲーム＆レク①　現場経験の豊富な著者が，試行錯誤しながら生み出した指導のコツと手軽に楽しくできる人気のゲーム23種を，イラストとともに紹介。

斎藤道雄著　　　　　　　　　　　　　　　　　　　Ａ５判・93頁　1600円
車椅子の人も片麻痺の人もいっしょにできる楽しいレク30＆支援のヒント10

お年寄りが笑顔で楽しむゲーム＆遊び⑤　車椅子の人も片麻痺の人も，動かせる部分を思う存分に動かし，ムリせず楽しめるレクを30種紹介。いっしょに楽しむための支援の仕方や考え方を詳述。

斎藤道雄著　　　　　　　　　　　　　　　　　　　Ａ５判・96頁　1600円
デイホームのためのお年寄りの簡単ゲーム集 介護度レベル付き

お年寄りと楽しむゲーム＆レク③　デイホームのお年寄りに笑顔が広がる，簡単で楽しいゲーム23種と，明るいデイホーム作りに役立つさまざまなヒントやアドバイスを，イラスト入りでわかりやすく紹介。

今井弘雄著　　　　　　　　　　　　　　　　　　　Ａ５判・98頁　1500円
車椅子・片麻痺の人でもできるレクリエーションゲーム集

高齢者のレクリエーション⑤　車椅子・片麻痺の人も，グループの仲間に入って楽しめるゲームを，イラストを交えて42種紹介。テーブルサッカー／後ろ投げバスケット／クルクルロケット／足つな引き／他

グループこんぺいと編著　　　　　　　　　　　　　Ａ５判・91頁　1500円
座ったままで楽しめるあそびBEST41

高齢者のレクリエーション④　座った姿勢のままで気軽に楽しめる折り紙，切り絵，簡単な工作やゲーム，絵かき歌，歌あそびなどを，イラストを交え41種紹介。

今井弘雄著　　　　　　　　　　　　　　　　　　　Ａ５判・94頁　1600円
ちょっとしたボケ防止のための言葉遊び＆思考ゲーム集

高齢者の遊び＆ちょっとしたリハビリ①　認知症やボケの防止に効果的な「ことわざクイズ」「早口言葉遊び」などの言葉遊び11種と「神経衰弱」「文字当て推理」「パズル遊び」などの思考ゲーム23種を収録。

今井弘雄著　　　　　　　　　　　　　　　　　　　Ａ５判・92頁　1600円
おおぜいで楽しむゲームと歌あそび

高齢者の遊び＆ちょっとしたリハビリ③　「何の音でしょう」「もう片方はだれ」などリハビリ効果のあるゲーム23種と，「青い山脈」などなつかしい歌に合わせて身体を動かすレクリエーション13種を収録。

表示価格は本体価格です。別途消費税がかかります。

■ホームページでは，新刊案内など，小社刊行物の詳細な情報を提供しております。「総合目録」もダウンロードできます。http://www.reimei-shobo.com/